Vehículos en acción

Trenes en las vías

347C

SANTA

Kathryn Smithyman y Bobbie Kalman

🌳 **Crabtree Publishing Company**

www.crabtreebooks.com

Creado por Bobbie Kalman

Dedicado por Bobbie Kalman
Para nuestros nietos Sean y Liam (nuestros dos ingenieros expertos en trenes)

Editora en jefe
Bobbie Kalman

Equipo de redacción
Kathryn Smithyman
Bobbie Kalman

Editora de contenido
Kelley MacAulay

Editoras
Molly Aloian
Michael Hodge

Investigación fotográfica
Crystal Foxton

Diseño
Margaret Amy Salter

Coordinación de producción
Heather Fitzpatrick

Técnica de preimpresión
Nancy Johnson

Consultor
Michael E. Telzrow,
director ejecutivo de
National Railroad Museum,
Green Bay, Wisconsin

Consultor lingüístico
Dr. Carlos García, M.D., Maestro bilingüe de Ciencias, Estudios Sociales y Matemáticas

Agradecimiento especial a
Steve Cruickshanks (abuelo del tren de Ethan), Amtrak, una marca de servicio de National Railroad Passenger Corp. (EE. UU.), Canadian National Railway y Canadian Pacific Railway

Ilustraciones
Vanessa Parson-Robbs: contraportada, páginas 7, 9, 11, 14, 16, 17, 18, 20, 24, 27, 32 (furgón, tren de carga, vagón batea, vagón tolva, locomotora, tren de pasajeros y vagón cisterna)
Margaret Amy Salter: páginas 21, 31, 32 (portaautomóviles, tren elevado, vagón plataforma, vagón de pasajeros, metro y estación de tren)

Fotografías
Amtrak, una marca de servicio de National Railroad Passenger Corp. (EE. UU.):
    páginas 13 (parte superior), 28
Canadian Pacific Railway: páginas 5, 23, 24-25, 29 (parte superior)
CN: página 22
Corbis: © Colin Garratt, Milepost 92 1/2: página 7; © Jean Heguy: páginas 18-19;
    Joseph Sohm: página 27
Fotolia.com: © Wai Heng Chow: página 26; © John Stelzer: página 31
iStockphoto.com: Aback Photography: página 6; Denise Kappa: página 21;
    James Pauls: página 11; Kenneth Sponsler: página 17
© WOLFGANG KAEHLER, www.wkaehlerphoto.com: página 29 (parte inferior)
© Marcel Marchon: página 30
© ShutterStock.com: Anita: páginas 10, 20; Mariano N. Ruiz: páginas 8-9

Traducción
Servicios de traducción al español y de composición de textos suministrados por translations.com

Library and Archives Canada Cataloguing in Publication

Smithyman, Kathryn
    Trenes en las vías / Kathryn Smithyman y Bobbie Kalman.

(Vehículos en acción)
Includes index.
Translation of: Trains on the tracks.
ISBN 978-0-7787-8307-7 (bound).--ISBN 978-0-7787-8317-6 (pbk.)

    1. Railroad trains--Juvenile literature. I. Kalman, Bobbie, 1947-
II. Title. III. Series.

TF148.S6518 2007   j625.1   C2007-904749-1

Library of Congress Cataloging-in-Publication Data

Smithyman, Kathryn, 1961-
    [Trains on the tracks. Spanish]
    Trenes en las vias / Kathryn Smithyman y Bobbie Kalman.
        p. cm. -- (Vehiculos en accion)
    Includes index.
    ISBN-13: 978-0-7787-8307-7 (rlb)
    ISBN-10: 0-7787-8307-3 (rlb)
    ISBN-13: 978-0-7787-8317-6 (pb)
    ISBN-10: 0-7787-8317-0 (pb)
    1. Railroad trains--Juvenile literature. I. Kalman, Bobbie. II. Title. III.
Series.

TF148.S6918 2007
625.2--dc22
                                2007030492

Crabtree Publishing Company

www.crabtreebooks.com   1-800-387-7650

Publicado en Canadá
Crabtree Publishing
616 Welland Ave.
St. Catharines, ON
L2M 5V6

Publicado en los Estados Unidos
Crabtree Publishing
PMB16A
350 Fifth Ave., Suite 3308
New York, NY 10118

Publicado en el Reino Unido
Crabtree Publishing
White Cross Mills
High Town, Lancaster
LA1 4XS

Publicado en Australia
Crabtree Publishing
386 Mt. Alexander Rd.
Ascot Vale (Melbourne)
VIC 3032

Contenido

¿Qué es un tren?

Un **tren** es un **vehículo**. Un vehículo es una máquina. Los vehículos van de un lugar a otro. Llevan personas y cosas. Un tren se mueve de un lugar a otro sobre **vías**.

vías

Partes de un tren

El tren tiene una **locomotora**. La locomotora tiene un **motor** que le da **potencia** al tren. La potencia mueve el tren. El tren también tiene **vagones**. La locomotora tira de los vagones.

vagón

locomotora

La locomotora queda en la parte delantera del tren.

5

Partes del tren

Las locomotoras y los vagones tienen partes llamadas **enganches**. Los enganches unen un vagón a otro. También unen los vagones a la locomotora.

enganche

Las locomotoras y los vagones tienen enganches en la parte delantera y en la parte trasera.

Partes de una locomotora

Las locomotoras tiene partes que los vagones no tienen. Tienen **cabinas**, **faros** y **sirenas**.

Los faros son luces que están en la parte delantera de la locomotora. Le ayudan al conductor del tren a ver las vías.

La sirena hace un ruido fuerte para avisar que el tren se acerca.

cabina

ayudante

maquinista

*El conductor de un tren se llama **maquinista**. El maquinista se sienta del lado derecho de la cabina. El **ayudante** va sentado del lado izquierdo.*

Vías del tren

Los trenes viajan sobre vías. La mayoría de las vías tienen dos **rieles**. Los rieles son barras largas y delgadas hechas de **acero**. El acero es un metal fuerte y duro.

riel

Durmientes y escarpias

Los rieles se colocan sobre **durmientes**. La mayoría de los durmientes son trozos de madera. Los rieles se sujetan a los durmientes con **escarpias**. Las escarpias son clavos largos de metal que mantienen los rieles en su lugar.

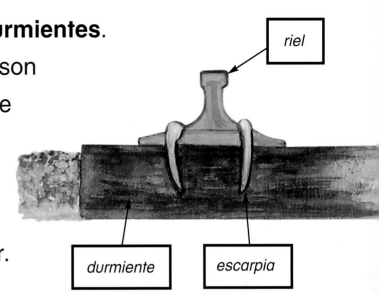

riel

durmiente

escarpia

durmiente

Las vías se ponen encima de una clase de grava llamada **balasto**.

Ruedas de acero

Los trenes se mueven sobre **ruedas**. Hay ruedas en las locomotoras y los vagones. Las ruedas son redondas y están hechas de acero.

rueda

Ajuste perfecto

Cada rueda del tren tiene dos **bordes**. Uno de los bordes es más grande que el otro. El borde más grande se llama **pestaña**. La pestaña mantiene la rueda firme en el riel.

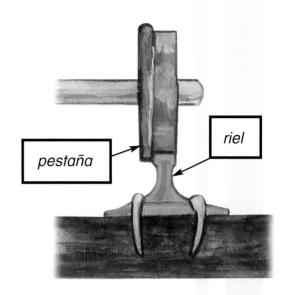

pestaña

riel

pestaña

La pestaña evita que la rueda del tren se salga de las vías.

Dos clases de trenes

Existen distintas clases de trenes. La mayoría son **trenes de carga**. La **carga** es un grupo de cosas que se transportan en un vehículo. Los trenes de carga la llevan en vagones. Estos vagones se llaman **vagones de carga**.

vagones de carga

Los trenes de carga llevan muchas clases de carga, como trigo, troncos y autos nuevos.

Trenes de pasajeros

Algunos trenes son **trenes de pasajeros**. Estos trenes llevan **pasajeros** o personas que viajan en el tren. Las personas van en los **vagones de pasajeros**.

Los vagones de pasajeros tienen asientos. Las personas van sentadas en ellos.

vagón de pasajeros

Los vagones de pasajeros tienen ventanas. Los pasajeros pueden mirar hacia afuera por las ventanas.

Trenes de carga

Los trenes de carga tienen locomotoras potentes llamadas **locomotoras de carga**. Las locomotoras de carga pueden tirar de muchos vagones de carga llenos.

Socios de tiro

A veces los vagones de carga llevan mucho peso y una locomotora no puede tirar de todos ellos. Entonces, se unen dos o más locomotoras y juntas pueden arrastrar vagones de carga muy pesados.

Cuatro locomotoras de carga tiran de este tren de carga.

Vagones cisterna y tolva

Para cada tipo de carga hay vagones especiales. Los **vagones cisterna** son vagones para cargar líquidos. Cada vagón cisterna lleva un líquido diferente. Algunos llevan leche. Otros llevan **gasolina**. La gasolina es el combustible que la mayoría de los vehículos usan para generar fuerza.

vagón cisterna

Vagones tolva

Un **vagón tolva** es otra clase de vagón de carga. Puede llevar cargas enormes de arena o grava. Un vagón tolva tiene puertas en el piso. Las puertas se abren y se cierran. Cuando las puertas se abren, la carga cae dentro de enormes cajas de metal. Las cajas están debajo de las vías.

Estos vagones tolva tienen una carga. Tienen las puertas cerradas.

Furgones

Muchos vagones de carga son **furgones**. Los furgones llevan **carga empacada**. La carga empacada está envuelta en papel, plástico o cajas. Los furgones llevan carga empacada como alimentos enlatados, televisores o libros.

Un furgón tiene la forma de una caja. Tiene piso, cuatro lados y un techo. Al costado tiene puertas. Por las puertas se entra y se retira la carga.

montacargas

Unas máquinas llamadas **montacargas** entran y sacan la carga de los furgones.

Vagones góndola y portautomóviles

Un **vagón góndola** es otra clase de vagón de carga. Tiene cuatro lados, pero no tiene techo. Los vagones góndola llevan diferentes clases de carga. Pueden llevar partes de máquinas, chatarra o troncos.

Estos vagones góndola llevan troncos.

Vagones portautomóviles

Los **vagones portautomóviles** son vagones de carga que llevan vehículos como autos, furgonetas y camionetas. Para subir los automóviles al vagón, alguien los conduce por una **rampa**.

rampa

Cada vagón portautomóviles lleva cerca de veinte vehículos.

Vagones plataforma

Casi todos los trenes de carga tienen **vagones plataforma**. No tienen paredes ni techo. Llevan máquinas, tuberías y madera. Ciertas cargas de los vagones plataforma son enormes. Estas cargas son demasiado grandes para entrar en otros vagones de carga.

Este vagón plataforma lleva tuberías enormes.

tanque

Este vagón plataforma lleva un **tanque** enorme.

Trenes de pasajeros

Los trenes de pasajeros llevan personas de un lugar a otro. Cada vagón lleva muchas personas. Los vagones de pasajeros pesan menos que los vagones de carga. También son más rápidos. Sus locomotoras tienen menos peso que tirar.

En la estación

Los trenes de pasajeros llegan a **estaciones de tren**. Las personas se suben a los trenes en una estación y se bajan en otra. En estas estaciones hay edificios en los que las personas esperan a que lleguen los trenes.

andén

*Las personas esperan los trenes en **andenes**. Los trenes se detienen junto a los andenes.*

Boletos para viajar

Los pasajeros pueden comprar sus **boletos** en las estaciones de tren. Cada persona debe tener un boleto para viajar en un tren. Un **inspector** examina el boleto para asegurarse de que cada pasajero esté en el tren correcto.

Este inspector ha examinado los boletos de todos los pasajeros.

Viajar largas distancias

Algunos pasajeros viajan distancias muy largas en tren. A veces viajan varios días. En un viaje largo, los pasajeros necesitan lugares para comer y dormir. Los trenes de pasajeros que recorren largas distancias tienen vagones especiales. Estas páginas muestran algunos de estos vagones.

*Los pasajeros comen en el **vagón restaurante**.*

*Los pasajeros pueden dormir en un **vagón dormitorio**. Allí hay camas llamadas **literas**.*

*Un **vagón panorámico** tiene grandes ventanas en los costados y en el techo. Los pasajeros pueden disfrutar de montañas, lagos y otros hermosos paisajes desde el tren.*

Trenes urbanos

Los **trenes urbanos** son trenes de pasajeros en los que las personas viajan todos los días. La gente los toma para ir al trabajo, a la escuela o a los otros lugares a los que deben ir.

Metros

La mayoría de las ciudades grandes tienen **metros**. Los metros son trenes urbanos que viajan bajo la tierra.

Trenes elevados

Algunas ciudades tienen trenes urbanos llamados **trenes elevados**. Los trenes elevados viajan por vías que están a mucha distancia del suelo.

Los trenes elevados van en vías a mucha distancia del suelo.

Palabras para saber e índice

estación de tren
páginas 26-27

furgón
páginas 18-19

locomotora
páginas 5, 6, 7, 10, 14, 15, 24

metro
página 31

tren de carga
páginas 12, 14-15, 22, 24

tren de pasajeros
páginas 13, 24-25, 26, 28, 30

tren elevado
página 31

vagón cisterna
página 16

vagón de pasajeros
páginas 13, 24

vagón góndola
página 20

vagón plataforma
páginas 22-23

vagón portautomóviles
páginas 20, 21

vagón tolva
páginas 16, 17

Otras palabras

Impreso en Canadá